放飞青春
FANGFEI QINGCHUN

大学生村官纪实摄影

Daxuesheng Cunguan Jishi Sheying

农 业 部 人 事 劳 动 司
农业部农村社会事业发展中心

中国农业出版社

U0677173

青春啊青春
美丽的时光
比那彩霞还要鲜艳
比那玫瑰更加芬芳
若问青春
在什么地方……
她带着爱情
也带着幸福
更带着力量
在你的心上……

编委会

主　编　陆　红　王秀忠

副主编　詹慧龙　魏　旭　周　鸿

编　委　（以姓氏笔画为序）

马建宇　王英德　刘　洋　关晓迪　张田雨

张亚玲　陈艳清　庞立平　孟庆宁　龚一飞

摄　影　庞立平

序 PREFACE

习近平总书记强调指出，农村经济社会发展，说到底，关键在人。大力加强农村人才队伍建设，是党中央的重大决策，是事关长远的战略工程。选聘高校毕业生到农村任职，是加强农村人才队伍建设的重大举措，对于加强基层组织建设，推进新农村与美丽乡村建设，促进农村社会稳定，推动农村经济发展具有重大意义。自2008年以来，全国累计选聘35万名大学毕业生到农村任职，目前还有20余万名大学生村官奋战在农村一线，他们为农村的建设和发展注入了新鲜血液，成为农村公共管理、美丽乡村建设和现代农业发展的有生力量。

农业部积极贯彻党中央、国务院关于农村人才工作的战略部署，认真贯彻落实国家中长期人才规划纲要，高度重视农村实用人才队伍建设，从2006年开始，持续开展农村实用人才带头人和大学生村官示范培训工作。到2015年底，已会同23个省建设了25个部级培训基地，指导9个省建立了12个省级培训基地，以“村庄是教室、村官是教师、现场是教材”的模式开展农村实用人才培训，不断扩大办学规模，提升办学质量。截至2015年底，已累计举办农村实用人才带头人培训班540多期，培训学员5.4万多人，其中大学生村官1.2万人，占培训总数的22.6%。经过近10年坚持不懈的努力，示范培训已办出特色、创出品牌，得到中央领导充分肯定，引起社会各界广泛关注，受到农村干部群众热烈欢迎。

通过培训，大学生村官们开阔了眼界、更新了理念、掌握了方法、提高了能力。他们将学来的理论和方法运用于基层工作实践，带头发展家庭农场和专业合作社，带领同行一起申请“三品一标”认证，带动农民通过电商平台销售农产品，收到了很好的效果，取得了喜人的成绩。

为真实、客观、鲜活地反映培训工作的实效以及受训学员回村以后的工作、生活情况，从2011年开始，我们对部分大学生村官学员进行了跟踪回访，拍摄照片近万张。在此基础上精选部分图片，编辑出版，意在让全社会更多了解、关注和支持大学生村官的发展。虽然本画册所展现的只是全国众多大学生村官中的一小部分典型，但通过他们工作、生活的精彩瞬间，却能从中窥见大学生村官的整体形象，感受到他们欢动的脉搏，体察到他们奋斗的艰辛，分享到他们成功的喜悦，领略到他们青春的风采。希望本画册的出版，激励更多的高校毕业生投身到社会主义新农村建设中，为全面建成小康社会、实现中华民族伟大复兴的中国梦贡献力量。

农业部党组成员　人事劳动司司长　毕美家

2016年4月12日

目录
CONTENTS

放飞 | 青春
FANGFEI | QINGCHUN

大学生村官纪实摄影
DAXUESHENG CUNGUAN JISHI SHEYING

C成长篇
hengzhangpian

在
希望的田野上
青春是
一粒种子
不屈不挠地
生长

阳市八字哨镇人民武装部
武装部
基干民兵连部

中共佳木斯市
佳木斯市郊区2012年
高校毕业生到村

中共益阳市河坝镇三源村村支部
办公室
湖区河坝镇三源村村委会

海拉尔区奋斗镇友联村民委员会
文明村
残疾人

益阳市河坝镇芸美村村民委员会
活动室
中共益阳市河坝镇芸美村党支部

LUCKY
STRIKE

Varsity
19 49
W.A.U LEAGUE
平安村党总支委员会

苦乐年华

江苏省盱眙县维桥乡副乡长兼永华村第一书记
——龚成

与种植大户切磋西红柿种植技术，促早熟、提产、增效

宿舍兼办公，与女友一起上网查阅“三农”资讯

“我没有成功的经验，只有失败的教训，失败得多了，成功就自己上门了。”

作为维桥乡分管高效农业的副乡长，龚成是一步一步从大学生村官的岗位上干出来的。

2008年，刚从中国矿业大学毕业来到盱眙县马坝镇塘坝村担任村支书助理的他，从村里协调了一小片抛荒地，搞起蔬菜大棚，在漏雨的简易房里一住就是三年。没有一个村民愿意跟他干，新建的大棚在一次大雪中被全部压塌，第一批韭菜因为土壤问题全部枯死……创业之初的种种艰难没能吓退龚成前进的脚步，凭着一股不服输、不信邪的韧劲，龚成终于建起了一个占地2公顷多，有20多个大棚的综合高效农业试点基地。

2011年，刚从农委出来就遇到麻烦事

早五点就要送女友上班

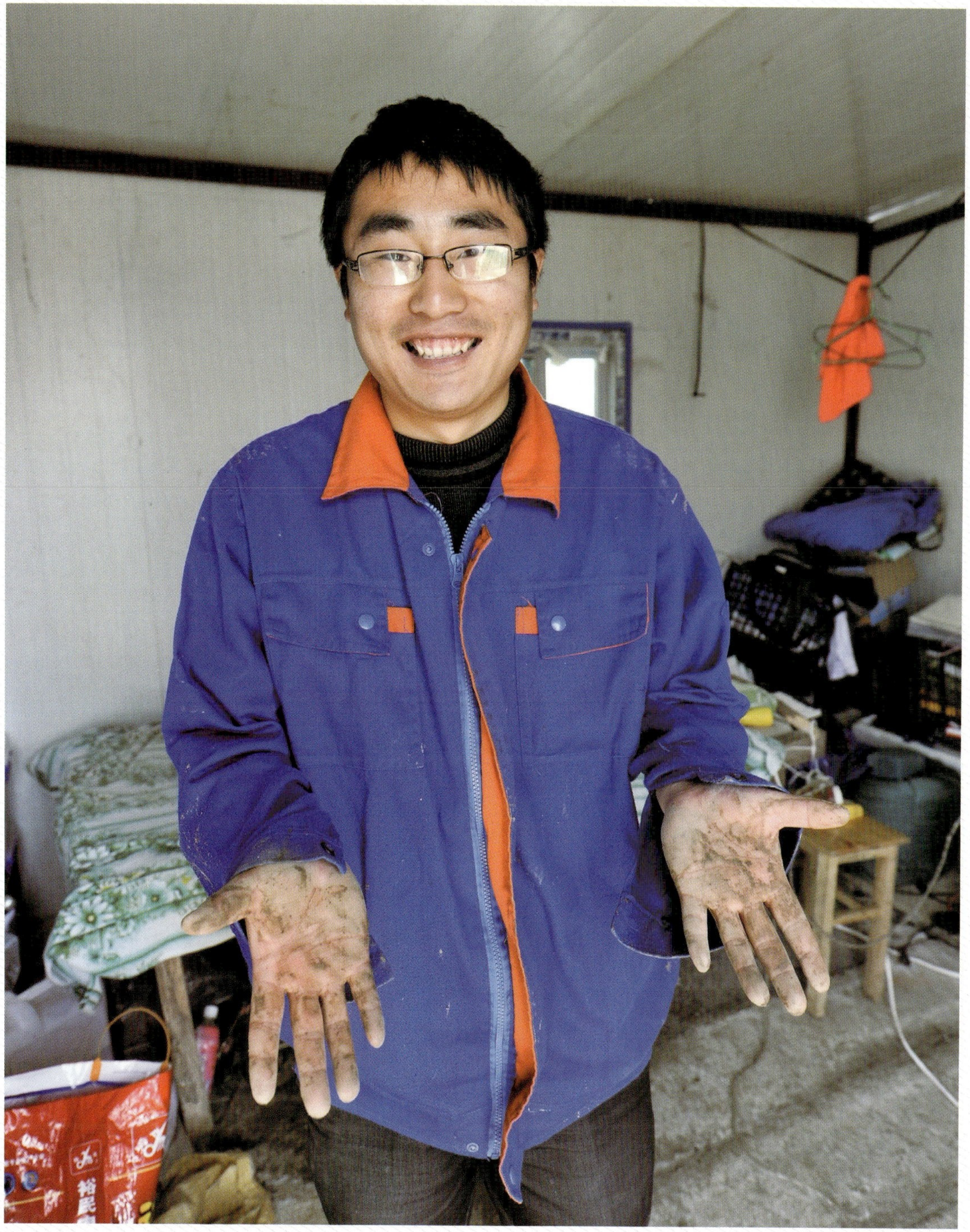

2012年2月，当选维桥乡分管高效农业副乡长的他，继续与泥土打交道，累并快乐着……

一年之计在于春，干字当头

带着乡里农业技术人员到蔬菜种植大户家中认人、认门，了解收益情况

苦也甜！

扎根农村，创业艰辛，女友的理解和支持很重要……

忙碌的一家人

兼着乡里组织、工会、团委、科协、统计等工作，上班时常常是一路小跑……

将办理好的蔬果种植、畜禽养殖和农机植保等合作社执照送到种养大户手中

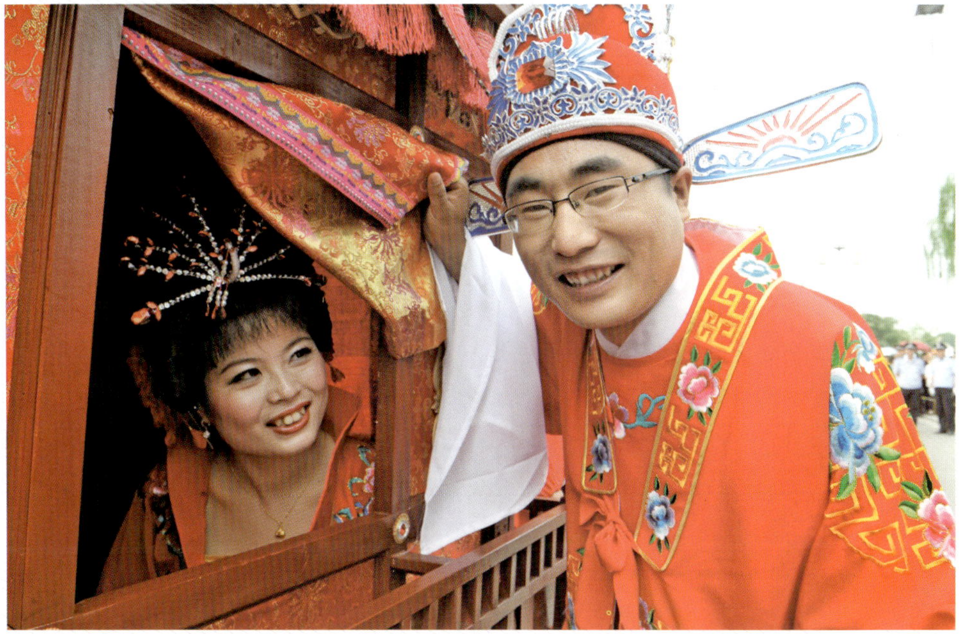

青山作证，绿水为媒，2012年6月15日，在组织的关怀下，在盱眙县龙虾节淮河水上集体婚礼中，与相恋多年的女友终成眷属

2013年2月，被乡党委安排去抓乡企帮办工作。为企业发行车证、监督安全生产、调解纠纷，了解企业需求，他无不积极主动、兢兢业业……

百炼成金

江西省永新县三湾乡副乡长、三湾村党支部第一书记
中共十八大代表
——邢镭

2009年，连当地方言都听不懂的外乡人邢镭来到了红土地——三湾村。为了过语言关，他曾经花3个月，以背诵英语单词的方式进行“恶补”；为了获得村民的信任，他只要一有空就去串门，帮村民干活、与小孩玩耍；为了让革命老区的乡亲们过上好日子，他艰苦创业，带领村民搞起了野山鸡养殖……

他说：“我深深地体会到，在农村这片广袤的土地上，只要我们真心‘炼金’而不是虚伪‘镀金’，就会有收获。”

村里养蚕户不少，他经常查看桑树生长情况

村里老乡十分欢迎这位村支书，拉他到家里做客

周日休息也想着村里的小学生，教他们操作电脑

深夜人静，帮蚕农赶收新茧

听说村里收割机出了毛病，马上赶到现场，协助修理

路过村里农田，看见大妈搬运粮食吃力，立刻冲上去……

关心老乡家豪猪养殖情况

单身宿舍

女友在北京上班，偶尔去北京开会，才能见上一面

爱在藏乡

西藏自治区仁布县帕当乡切村党支部书记助理
现任日哈哲德吉林镇党委副书记、纪委书记
——王东海

2009年9月初到切村，使命感油然而生

工作扎实，肯干能吃苦，又多才多艺，吹笛子、唱歌、主持……样样拿得起的王东海，哪里需要，就出现在哪里。他是村民的“活力剂”，用青春的火热点燃了高原村庄的激情。决定扎根西藏后，有点担心自己的婚姻问题，“没人愿意跟我过来”，“85后”小伙子腼腆地笑了。

共同富裕，一个都不能少！

干劲十足，缺氧不缺精神

创办农牧民劳务输出合作社，带领群众发家致富

在基层，与切村的支书、主任亦师亦友

走村入户，了解村情民意

亲如兄弟

2012年7月，带领党员创办的党员惠民馒头店正式开张

正在撰写兴村富民项目可行性报告

天高云淡，一曲慰乡思

艰苦环境之下的温馨小屋

劳作间隙话家常，情深茶暖人

“六一”儿童节，为小学生表演节目

岁月如歌

山西省阳泉市平坦镇石板片村党支部书记
——田玲

修路中忙里偷闲也要调查研究

面朝黄土背朝天，始知稼穑难

入乡随俗、客随主便，当好“客人”；拉家常、交朋友，心往一处想、劲往一处使，共做“主人”； 放下架子、扑下身子、卷起裤子，虚心向身边的老干部、广大村民学习，甘当“学生”；善于运用说服教育、示范引领和提供服务等方法凝聚和激励群众，利用眼界开阔、思维活跃的优势，用新思想、新观念、新思维，把村民培养成为有文化、懂技术、会经营的新型农民，能做“先生”。 自2007年6月以大学生村官的身份担任山西省阳泉市郊区平坦镇魏家峪村党总支副书记以来，她凭着公心、信心和耐心，在为村民服务时不说外行话、不做门外汉，成为了农村工作的明白人，实现了自身与工作对象的双提升。并于2011年11月13日，满票当选为石板片村党支部书记。

岁月如歌

家长里短皆民情

有一个温暖的家

新希望

共青团南京市委副书记
原江苏省南京市栖霞街道西花村社区党支部书记
——石磊

2012年9月，石磊和他的村庄一起成长

2012年9月，和村民一起查看水稻长势

2010年，刚刚22岁的他成为西花村的“当家人”。

当时村里发展滞后，集体经济主要靠一家只有26名员工的小物业公司勉强维持，1 200名村民近一半属于失地农民，就业压力大，社会矛盾多。在石磊带领下，2012年，西花物业公司的年业务额已由不足82万元增长到近400万元，员工从26人增加到近200人，不仅解决了村里剩余劳动力的就业问题，还让村集体收入从50万元增加到近200万元。

和老党员交流村庄整治计划

四世同堂，其乐融融

西花村周边交通违法现象严重，顶着暑热与路政队员现场查处西花村周边超载超限

盯着项目进度表，和村干部研究下一步工作

他寻找赞助为村里筹集10万元，修建了路灯和摄像头；为每户村民免费提供80吨生活用水；对60岁以上的老人每月发放100元尊老金；对考上大学的学生给予奖励……他用真心为村民服务，赢得了大家的认可。

负责村里拆迁工作

完成拆迁与土地平整的西花村，将建成科技园区

一分汗水一分收获

北京市延庆县大榆树镇东杏园村党支部书记助理
——李鹏

早上起来，第一件事就是到田间查看蔬菜长势

收获

勤劳、踏实、肯干，和农民同吃住、同劳动、同收获，他以一个新型农民的专业和执着，在京郊农村这片广阔大地上谱写着新农业、新农村的篇章，创造着一分汗水一分收获的青春。

累并快乐着

顾不上吃饭，准备下午用的工具

装了三车蔬菜，有点搬不动了

忙碌了一天，晚上还要联系第二天来拉货的菜商

不负韶华须有为

海南省临高县多文镇抱利村村主任助理

——代天一

台风过后，查看菜田损失情况

广阔天地，大有作为，在人生美好的年华，唯不断汲取知识、磨练意志、学习本领为家乡的土地和人民极尽智、力，才不辜负青春，不辜负人生。

——代天一

每天带着笑早早来到办公室

一天的忙碌即将开始

与三个同事挤住在10平方米的小房间

学以致用

海南省海口市琼山区三门坡镇友爱村党支部书记助理
——公龙

走出象牙塔，扎根基层，公龙相信农村有广阔发展前景

再忙也要坚持“充电”

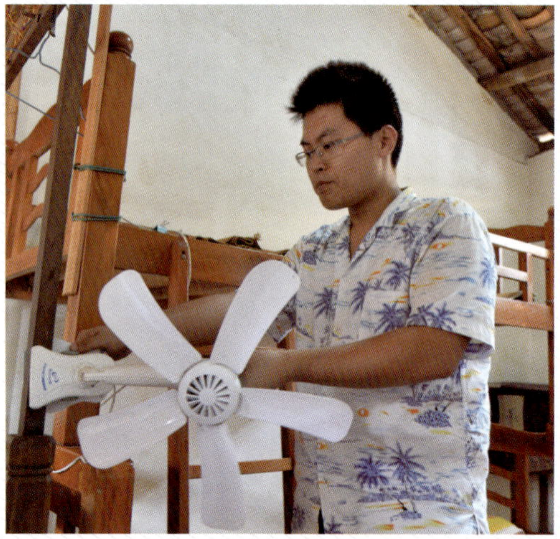
早上4点就起床，一上午下来已疲惫不已，整理下宿舍，准备午休

阿妈总是把远离家乡的公龙当自己儿子一样照顾

自2011年4月到友爱村任大学生村官以来，他甘当小学生，不断加强学习，并充分发挥带头作用，把培养农村实用人才作为首要任务，通过引入有实力、信誉好的企业，配合村委会书记着力培养了一批想干事、能干事、干成事的干部和有文化、懂技术、会经营的能人，为友爱村产业结构调整、生态文明村建设、村民的生产生活条件改善做出了积极贡献。

从不懂橡胶树到割胶能手，离不开“师父”的谆谆教诲

又到一年荔枝熟，今年荔枝成熟早，个大，水多，能卖个好价钱

荔枝装好，拿去卖咯

创业艰难收获多

陕西省榆林市榆阳区小壕兔乡耳林村村主任助理
——王渊

给来宾介绍产品

2008年毕业后，他走出校门，步入田野，融入社会主义新农村的建设大潮中。他认为要当村官，先当村民，作为一名大学生村官，只有沉下去，融入群众，才能得到群众的认可，赢得群众的拥护；才能充满生机和活力。他在农村广阔的大舞台上不断磨炼、提升，用自己的汗水浇灌出了丰硕的成果。

冒着严寒，他和村民在承包的鱼塘清雪、凿洞，给水下过冬的鱼多增加些氧气

剪羊毛是把好手

创业维艰，夫唱妇随

放飞 青春 大学生村官纪实摄影
FANGFEI QINGCHUN DAXUESHENG CUNGUAN JISHI SHEYING

D 担当篇

Dandangpian

在
希望的田野上
青春是
一株大树
承上启下地
担当

年大学生村官示范培训班开

五届全国大学生"村官"论坛暨20
开 幕

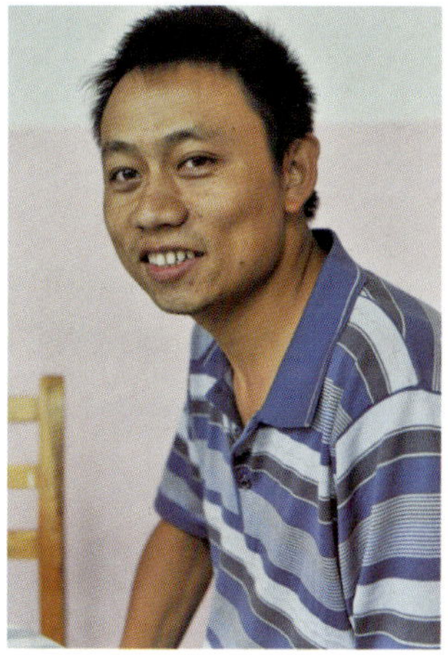

情系马山

山西省广灵县蕉山乡副乡长，马山村党支部书记兼村委会主任
——高争艳

谈起马山村的远景规划，充满了创业激情

查看全乡计划生育情况

2008年12月，高争艳当选马山村党支部书记兼村委会主任，成了全县唯一"一肩挑"的女大学生村官。带领村民铺路、修桥、打井，种植仁用杏树，搞绿色养殖，发展乡村旅游，让"吃水贵如油，有病医难求，就学山外头"的贫穷村发展成为晋冀结合部的农家采摘旅游特色村，她多年一心服务群众，不为拥有自己的产业，只为村庄的明天更美好，让村民早一天过上好日子！

深入村民家，了解她们的生活

因为有企业在村里投资建厂，村民有了工作

村民有了工作，也有了自己幸福的生活

到其他村学习种植蘑菇

指导村里姐妹制作网织花

身体不适，也不能动摇信念

三口之家

因为村民不理解，哭过鼻子；因为不能在患癌症的父亲床前尽孝，不能陪伴生病的孩子，痛苦过愧疚过；因为老百姓的一句话“天冷，围严点，路上慢点”而感动过……高争艳说：“在农村这个广阔的天地，大学生村官更能发挥自己的聪明才智。”

不辱使命

西藏自治区山南地区乃东县昌珠镇党委委员组织委员兼任克松居委会党支部副书记——张小波

克松居委会党支部荣获全国先进基层党组织称号

在张贴居委会人大代表换届选举正式代表候选人名单公告

4年来，与藏族同胞共风雨，同劳动，汉族小伙张小波的脸上有了两块清晰的高原红。他还给自己取了一个藏文名字“达瓦坚参”，俨然已准备扎根在这里。他说：“大学生村官对我而言，不仅是一个称号、一种荣誉，更是一份责任、一种使命。”

要不了多久，西瓜就能结实了

带领连蔬菜品种都认不清的藏族同胞种植大棚蔬菜绝对不是一件容易事，在资金紧张的情况下，为了学习种植技术，张小波带着铺盖卷，在堆隆德庆县无公害蔬菜基地的库房里打地铺，边打工边学习，硬是带出了16名年轻的藏族种植能手，为村里发展大棚蔬菜打下了坚实的基础。

向群众传授温室大棚种植技术

劳动间隙

一直放心不下藏族老阿妈的病情

陪着去输液

为前来参观西藏民主改革第一村的部队官兵介绍西藏历史

办公室兼宿舍

更上层楼

浙江省杭州市余杭区乔司镇朝阳村村委会副主任
——吴斌

在工地上指导工人施工

广收信息，才能心中有数

“五水共治”工地上检查新修建的窨井是否合格

依靠发展服装业，朝阳村经济富裕，家家建起了高楼，但由于缺少统一规划，污水处理设施落后，污水直接排放到地面上，严重影响了村容村貌。改造全村的污水处理设施是块硬骨头，工作不好做，吴斌这个干净利落的小伙子，全身心投入，硬是干起了最脏最累的活。

开着奥迪上下班的他，家里经济条件优越，完全可以找个更轻松的工作，过得更安逸，但他觉得年轻人就该奋斗，就该干出一番事业!

在“五水共治”工地上和施工人员商讨施工方案

下班回家后给女儿泡奶

幸福的一家

从高处鸟瞰朝阳村

文化"尖兵"

天津市西青区大寺镇大任庄村党委书记助理
——杨晓成

组织村里妇女排练秧歌舞

南开大学硕士毕业后，他就一头扎进了农村。工作伊始，他天天下村与村民打交道，走遍了全村的各个角落，帮助村民解决问题。村工会、共青团、妇联哪里有活动，哪里有困难，哪里就能看到他的身影。

回答老大娘问题

听老书记讲村史

村里盖起了楼房、别墅

一起跳起来

无“网”不胜

北京市怀柔区渤海镇北沟村党支部书记助理——张萌

北沟村委会门前

位于慕田峪长城脚下的北沟村风景如画，发展旅游业得天独厚。为了把北沟村打造成国际文化村，他带领自己的团队，制作了三维数字地图，并通过网络全面、及时发布村庄相关资讯，以吸引投资者，方便游客查询路线、安排行程、预订食宿。

他还认真管理村里的图书室、活动室，为村民放电影，让村民的闲暇生活充满文化气息；热心为走基层的画家服务，并积极联系画家为村民画像、题字、送书；真诚服务游客，赢得一致好评……他认为藉此可以不断提升村民的艺术修养，进而打造北沟村的文化形象。

乐在其中

为乡村旅游网站采集资料

跟老干部讨教工作经验

自己的工作团队

女友到村里看他

新发村新希望

云南省昆明市东川区汤丹镇新发村村委会副主任
——黄 勇

认真听村长对修路的要求

地处山区的新发村是有名的贫困村，本村的年轻人都不愿意呆的地方，大学毕业的黄勇却毅然选择了这里。他对不理解自己的父亲说："有文化有能力的青年如果都留在大城市，广大农村怎么发展?我不在乎自己工资拿多少，我愿意把青春献给农村。"

终于实现了自来水入户

参加村民的聚会

帮着村里电力增容

关心孤寡老人的生活

以人为本点滴做起

重庆市童家溪镇同兴村党委书记助理
——陈金英

认真听取村民心声

情系同兴，利为民谋，她从一点一滴的小事抓起，用爱心、诚心和工作成效感动着周围的人，村干部和村民都称她是“雷锋式的好干部”。

组织村民排练《村规民约》快板词

镇里武装部组织军训她也不拉空

为村民就业奔波

周末与爱人一起买菜

忠于职守

重庆市江津区柏林镇兴农村党委副书记
——谢晓科

向有经验的村民学习猕猴桃种植技术

梦想是美好的，现实是不平的，扎根基层，只有实干、巧干才能实现美好理想，谢晓科如是说。

民主建设，任重道远

组织部门安排他到村里给有40多年党龄的李元辉老书记发放每月生活补贴

离不开爱人的支持

就怕工作干不好

黑龙江省甘南县兴十四村党委副书记
中共十八大代表
——王淑媛

“不怕苦，不怕累，就怕工作干不好”的她，为了跑项目，怀孕七个半月仍坚持出差，因过度劳累导致早产；寒冬漫漫，落下腰腿疼的毛病……从23岁到31岁，王淑媛把最好的青春献给了“龙江第一村”。

在现代农业示范园区同技术员研究大南瓜栽培技术

在现代农业示范园区查看有机西瓜长势

在现代农业示范园区查看花卉长势

在车间同技术员探讨技术创新

在车间向工人了解生产情况

民生无小事

广东省中山市黄圃镇兆丰村党支部组织委员——吴德恒

2011年1月，新换届当选兆丰村支委，并分管组织、纪检、工会、团支部、卫生、市场等工作的他，实现了从书记助理到两委干部的角色转变，由原来的领导安排工作到现在很大程度上要自己自主决策办事，工作职责更明确、责任更大，无疑是一个极大挑战和考验。

为即将召开的党员大会准备主持稿件

身为市场分管人员，主动与商贩进行沟通，倾听他们的心声，并将上级有关要求及时传达给他们

去困难群众家走访

与老党员干部拉家常，并就房屋裂缝问题了解情况

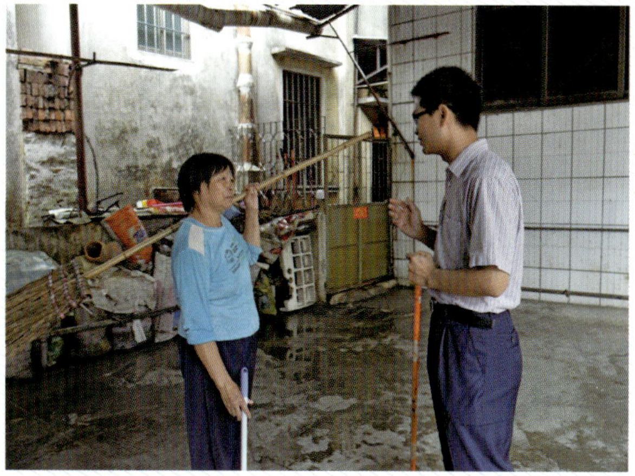

作为村内的卫生干部，常与村的卫生清洁员交流

与镇人大代表、本村村民、花木场老板畅谈产业发展远景，学习经验

四代同堂，吴德恒非常感谢默默支持自己工作的老婆全家

所在村委会一角

苦中有乐

湖北省谷城县冷集镇彭家河村党支部书记、村主任——蔡富勇

查找资料

在村党群服务中心

新发展的葡萄项目，帮忙搭架

“干部带好头，农村有想头，农业有干头，农民有奔头。组织安排我到贫困村工作，是对我的信任。作为一名党员，我只有努力干工作早日改变村里的落后面貌，才不辜负组织、领导和村民的期望。村里的小水库及水渠建设是当务之急，天气再冷施工就困难了。”刚刚接受共青团中央、农业部“全国农村青年致富带头人”的表彰回到村里，他更加积极地投入了工作。

养殖场出售山羊，亲自把称

走访“五保户”

打算抢在立冬上冻之前，完成施工任务

带领工人忙碌在水库工地上

在施工间隙，稍做休息

放飞 | 青春 大学生村官纪实摄影
FANGFEI QINGCHUN DAXUESHENG CUNGUAN JISHI SHEYING

T同行篇

ongxingpian

在
希望的田野上
青春是
一串足迹
继往开来地
前行

落实《国家中长期人才发展规划纲要》

王勤飞

农村
刘慧霞

史福忠

全面贯彻科学发展观
王弋琳

杨 瑞

杨 兰
李 晶

王小燕

黄金搭档

胡建党：北京市大兴区庞各庄镇王场村党支部书记（左）
陈墨：北京爱农星农产品专业合作社理事长（右）

——胡建党　陈　墨

一起去送货

蘑菇长势不错

一个活泼外向，一个沉稳内敛；一个擅长市场营销，一个带领农民生产；一个主外，一个主内……在北京市大兴区庞各庄镇王场村，有这样一对优势互补的“黄金搭档”。

陈墨是食品系毕业，对食用菌生产技术得心应手，负责带领村民生产；胡建党善于开拓市场，成天到周边大型农产品批发市场转悠，创销路。到2011年，爱农星合作社投资已达300万元，建有4个寿光式冬暖大棚、1个占地1万平方米的温室、16个标准蘑菇大棚，还建设了发菌室、接菌室、采菇房、保鲜库和拌料场地等生产设施。

忙碌的早晨

内行看门道

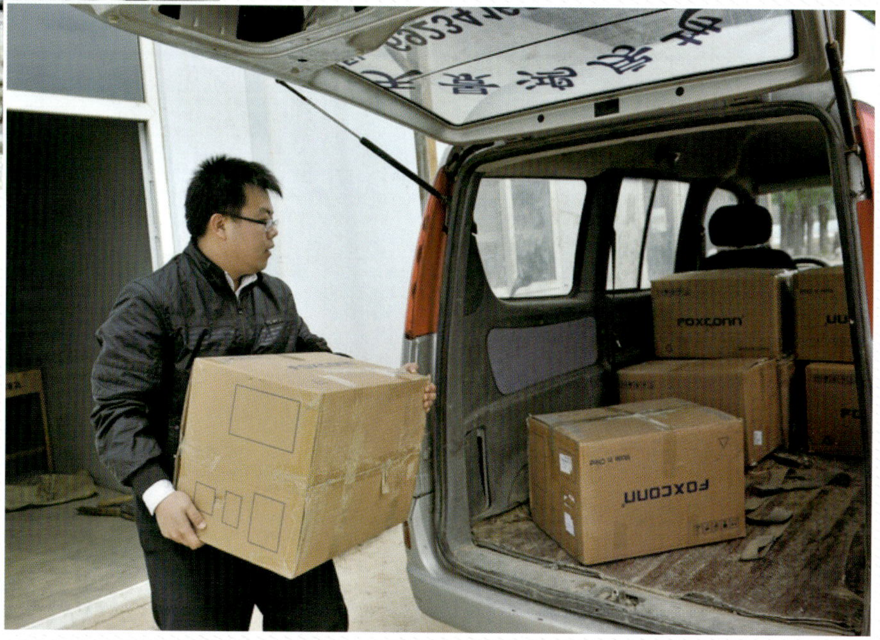

搬蘑菇上车

向专家请教育苗经验

察看西红柿苗情

质和量都不能含糊

西瓜熟了

蛇豆新品种

韭黄达人

四川省郫县旭驻圆蔬菜专业合作社法人代表
——邓小泉

新项目大家一起研究，一票否决

2009年，他和4位大学毕业生共同发起创建了郫县唐元大学生创业园韭黄基地，曾经“象牙塔”里的高材生，走进田间“种”起了韭黄。多年来，他们的韭黄已经顺利出口韩国、日本，成为成都市乃至四川省大学生创业园出口生鲜类蔬菜第一家。他的故事激励着更多大学生村官去追求自己的创业梦……

和村民一起午餐

带领大学生村官参观合作社

向来参观的大学生村官介绍种植经验

他们的成功，是靠团体的力量

韭黄的生长环境

对未来充满希望

办法总比困难多

山西省清徐县集义乡中辽西村党支部书记——张新苗

妻子暂时辞掉工作，全力支持丈夫干事业

“办法总比困难多”是他挂在嘴边的话，从带领村民改种葡萄新品种，到成立葡萄种植专业合作社，再到引进葡萄酒生产线，这份积极和乐观，让他一路走来自信满满、硕果累累。

作为一名大学生村官很幸运！有组织的信任和培养，与村民交心当朋友，在忙碌和繁琐中一步步成长，我感到充实而快乐。

——张新苗

正在筹建葡萄酒庄园，同时用相机记录下这段历史

农活休息时，也要想着跟村民沟通

干什么都往内行学

成立葡萄合作社

种葡萄经验就是这样学到手的

其中一部分产品要到北京销售

他的葡萄生产基地已初见规模

苹果熟了

陕西省延安市宝塔区蟠龙镇镇长助理
——叶伟强

为了给村里的苹果产业发展争取资金，他一个小小的大学生村官，竟然给农业部部长写信，争取项目。20万元的项目，建成了苹果保鲜冷库，对于一个陕北小村庄，这笔钱太重要了。

帮助村民挑苹果

采摘山地苹果 感悟延安精神

北京市南苑乡果园村陈涛书记到村里订购苹果，对苹果赞不绝口

向领导介绍苹果包装设计

叶伟强说，他有3个愿望：

一是出本书，把自己当村官的经验和夫妻村官在黄土地上的故事讲给大家听。二是能够获得一枚“中国青年五四奖章”，“我不爱钱，但看重荣誉。一个青年，如果连荣誉都不看重，还能干什么？”最后一个愿望，就是把延安的苹果推向世界。

详细介绍村里苹果的生产情况

苹果可以长出字，每颗卖到10块钱

和村民讲环境卫生整治

和同事交流党建工作

下乡回来和同事共同讨论

为确保葡萄颗粒的饱满，打掉畸形果粒

掐葡萄枝条

在自己的葡萄园里查看葡萄的生长情况

住在这里，虽然条件艰苦，但生活充满希望

通向家里的楼梯，只要敢爬人生就有希望

房子虽然仅有10多平方米，但快乐又温馨

别样猪倌

湖南省长沙市宁乡县双凫铺镇双桂村主任助理

——陶万红

她成了当地的养猪专业户

中国农业大学经济学专业毕业的她，选择了留在农村，扎根基层。通过考察各地生态养殖情况，结合二泉村实际情况，她带领村民创办了土花猪养殖专业合作社，当起了猪倌，书写着自己的别样青春！

记录养猪饲料的使用情况

幸福家庭

"牛"医生

河南省驻马店市遂平县玉山镇悦庄村村官
驻马店市人大代表
——王子恒

牛犊见了兽医，舍不得离开

"我相信没有比人更高的山，没有比脚更长的路，路虽远，行则必至！"王子恒说。

2008年10月，河南农业大学兽医硕士毕业的他响应国家号召回到家乡任大学生村官。为了能让村里乡亲尽快脱贫致富，2009年4月联合村民创立遂平县天悦生态养殖合作社并当选为理事长，而后相继创立国家农业（肉牛）产业技术体系遂平示范基地、遂平县绿源肉牛养殖公司、遂平天悦生态农产品开发有限公司，采取"公司+合作社+农户"的发展模式，现有社员116户，主要以生产高档肉牛为主，带动了当地养牛产业快速发展，年创利润500多万元，2010年被农业部国家现代农业（肉牛）产业技术体系授定为示范基地，并成为远近闻名的农业标准化生产基地，农技人员、种养大户和农民科技培训基地，农情信息采集和传播基地，大学生村干部创业互助基地。他个人也先后获评河南省百优大学生村干部、河南省优秀农村实用人才、河南省青年农民致富带头人等荣誉称号。

介绍养牛理论知识，把书籍送给村民

平时注意理论学习

和94岁老奶奶合影

一花独放不是春

广西壮族自治区百色市右江区永乐乡华润百色希望小镇党支部书记助理
——苏 梅

在养鸡场劳作

2012年3月，广西民族大学行政管理专业研究生毕业的她与邻村大学生村官黄萧垠合作的乐永林下鸡养殖项目正式启动。2012年11月—2013年2月，即成功出栏两批林下走地鸡，实现销售额16万元。目前，乐永林下鸡养殖场建设工作进展顺利，所饲养的林下鸡生长情况良好，规模逐步扩大，并吸引了一些群众加入到林下养鸡的行列中来，目前已新增养殖户8户，对推进当地农业的发展起了一定示范带头作用。

与村民拉家常

每月向村民发放工资

组织村民排练舞蹈，丰富大家业余生活

众人划桨开大船

安徽省肥西县小庙镇拐岗社区副主任

——梅 珊

创业团队常在一起交流

“永恒是多久，无人知晓，但它会从此时此刻记录我们的一生。田野上的风轻轻地吹来，仿佛天堂的呼唤，告诉我那正确的选择。”这是梅珊大学生村官工作伊始时的心声。3年间她踏遍了村里的每一寸土地，熟悉了村里的每一张面孔，做好了村里安排的每一份工作。2011年8月，村委换届选举，97人到会，她以93票当选村党总支支委，如许信任见证着她的青春，有肯定，更有期许……

在村里服务大厅为村民解答问题

检查肉食加工厂的卫生

在大棚中采摘草莓

为了稻花香

湖南省益阳市大通湖区农林水利局农技指导员——冷翠云

回到她曾担任村官的黄金村，了解农民水稻种植情况

虽然已就职于大通湖区农林水利局，但曾经身为益阳市赫山区兰溪镇黄金村大学生村官兼农技指导员的冷翠云，仍念念不忘黄金村的乡亲，时刻操心着那片她曾经踏遍足迹的土地上的播种、耕耘与收获。只要有机会，她就会再次出现在那里的田间地头，或查看苗情，或答疑解惑，或拜师学艺……

到湖南省香稻育种专家（中国农业科学院研究员）师尚才家中请教种植经验

看望原单位赫山区兰溪镇黄金村福利院的老人

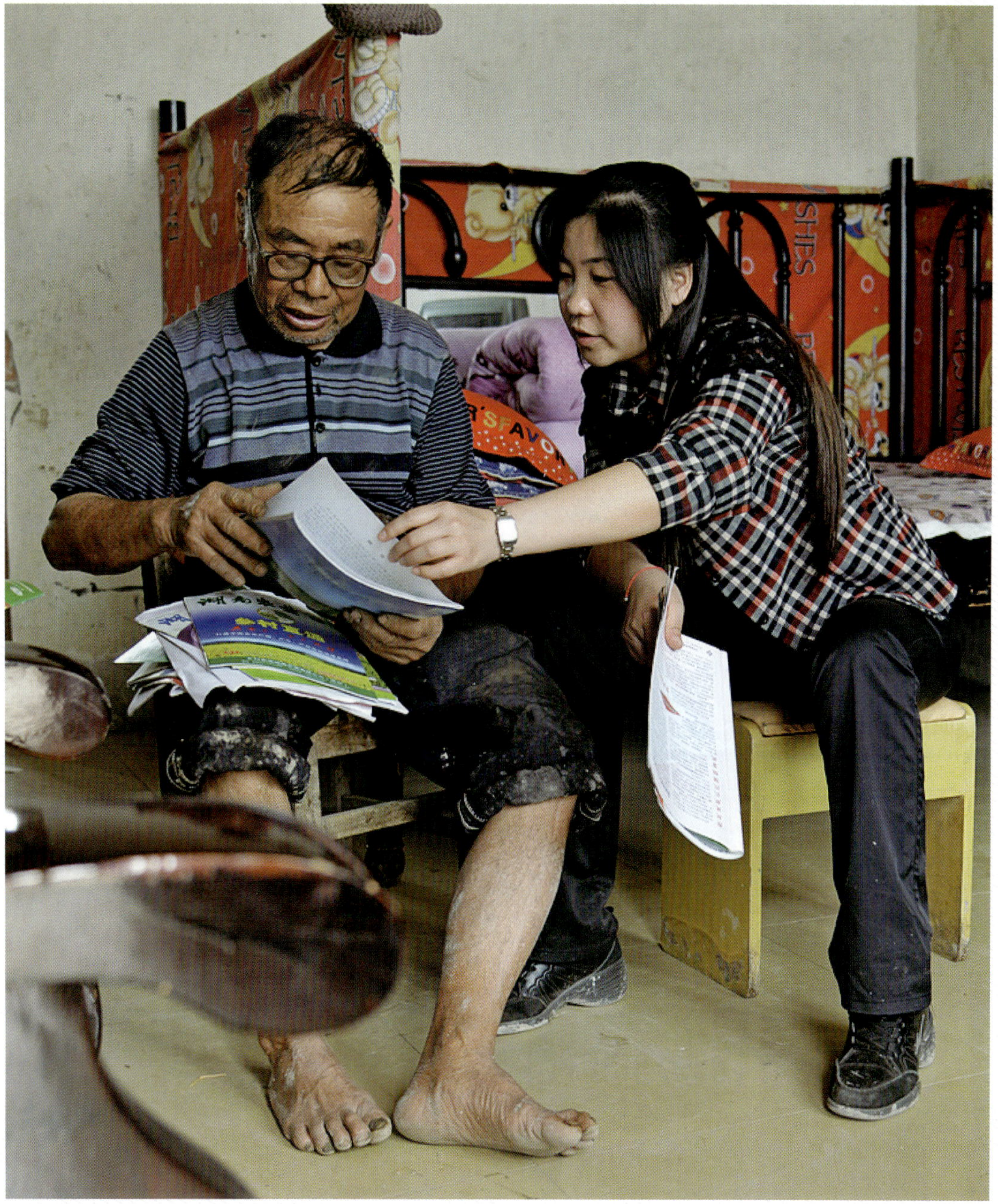

到村里技术人员家取经

创业也要在一线

山东省滨州市阳信县流坡坞镇西街村村官 ——吕廷虎

认真听取村民意见

2010年1月12日下午，首届情系e乡——全国大学生乡村信息化创新大赛总决赛暨颁奖典礼在北京隆重举行。经过激烈角逐，吕廷虎带领的山东阳信“蚯蚓的魔力”——天翔创业园项目最终获得亚军，成功拿到了百度提供的5万元创业基金。“是农业部组织的大学生村官培训为我们创业园插上了腾飞的翅膀！”获奖后，吕廷虎激动地说，“在培训班上，一方面，我的思想水平实现了质的提升，工作思路前所未有地拓宽；另一方面，老师的讲授和学员间的交流令我受益匪浅。

原来看上去恶心的蚯蚓，现在成为了致富的希望，变成可爱的宝贝

伤心和迷惘之后，还是坚持

创业艰难，肯干、能干、会干才能成功

图书在版编目（CIP）数据

放飞青春 ：大学生村官纪实摄影 / 农业部人事劳动司，农业部农村社会事业发展中心编. -- 北京 ：中国农业出版社，2016.5

ISBN 978-7-109-19313-0

Ⅰ. ①放… Ⅱ. ①农… ②农… Ⅲ. ①农村－干部工作－中国－画册 Ⅳ. ①F325.4-64

中国版本图书馆CIP数据核字(2014)第239737号

中国农业出版社出版
（北京市朝阳区麦子店街18号楼）
（邮政编码 100125）
责任编辑 贾 彬 刘爱芳

中国农业出版社印刷厂印刷　　新华书店北京发行所发行
2016年5月第1版　　2016年5月北京第1次印刷

开本：889mm×1194mm 1/12　　印张：$8\frac{2}{3}$
字数：200 千字
定价：115.00元
（凡本版图书出现印刷、装订错误，请向出版社发行部调换）